Meine liebsten Hasen- und Ostergeschichten

Erzählt von Rosemarie Künzler-Behnke

Mit Bildern von Ida Bohatta

arsEdition

Inhaltsverzeichnis

Wenn Ostern ist	8
Wer hat den süßesten Honig?	10
Moppel-Hoppel-Poppelhas	12
Zwei Osterhasen	14
Das Osterküken	16
Was muss ein Osterhase können?	18
Hast du schon mal nachgedacht?	20
Müde Füße	22
Die Osterbäckerei	24
Der Frühlingssturm braust durch den Wald	26
Der Osterhase hat verschlafen	28
Verstecken hinter Rosenhecken	30
Ich streichel dir das Fell	32
Die Hasenkinder müssen warten	34
Zwei Freunde	36
Löwenzahn	38
Guten Morgen, mein Häschen	40
Das Huhn, das keine Eier mehr legen wollte	42
Doktor Wiesenwichtel	44
Der kleine Hase hat sich verlaufen	46
Die Vögel sitzen in den Zweigen	48
Der kleine Osterengel	50
Ein Fest auf der Wiese	52
Der Frühling kommt	54
Hasenjagd	56
Wo steckt der kleine Osterhase?	58
Ida Bohatta – eine Biografie	60

Wenn Ostern ist

Bald ist Ostern. Der kleine Hase freut sich. Zum ersten Mal darf er seinem Vater bei der Arbeit helfen. Sie sammeln die Eier ein und malen sie an. Rot und grün und gelb und blau. Das macht Spaß! Aber dann wird der kleine Hase müde. So müde, dass ihm die Augen zufallen.

Am nächsten Morgen stapfen sie zusammen los. Pfote in Pfote. Vater Hase mit der Kiepe auf dem Rücken. Pass auf, kleiner Hase, nicht hoppeln, sonst gehen die Eier im Körbchen kaputt!

Sie laufen durch den Wald, über Wiesen und Felder. Da kommen schon die ersten Häuser. Vater Hase hüpft über eine Hecke. Der kleine Hase schlüpft hinterher. Sie verstecken die Ostereier im Garten und auf der Terrasse – unter den Büschen, zwischen den Blumen, in der Schubkarre, hinter der Gießkanne und unter der Bank.

Dann machen sie sich auf den Heimweg.

»Mir tun die Beine weh!«, jammert der kleine Hase.

Da setzt Vater Hase sich mit ihm an den Bach und sie kühlen sich die Füße im Wasser. Müde sind sie, aber glücklich.

»Die Kinder werden sich freuen!«, sagt der kleine Hase mit leuchtenden Augen.

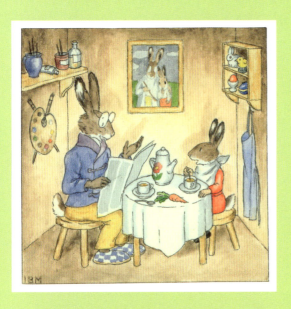

Wer hat den süßesten Honig?

Eines Tages fangen die Frühlingsblumen an, sich zu streiten. Jede findet ihren Honig am besten. Schneeglöckchen, Leberblümchen, Tulpen und Narzissen – alle sind wütend und beleidigt. Der Streit nimmt kein Ende.
Da müssen sie sich Hilfe holen:

Die Bienen sollen die verschiedenen Honigsorten untersuchen und entscheiden, welcher Honig der beste ist.
Seitdem fliegen alle Bienen eifrig umher, von einer Blume zur anderen. Überall sammeln sie die Honigtröpfchen. Jeden Abend treffen sie sich und vergleichen ihre Kostproben. Aber bisher haben sie noch nichts Sicheres herausgefunden. Die Bienen müssen weiter kosten und vergleichen, kosten und vergleichen.
Kann sein, die Honigsorten sind alle gleich gut – nur eben verschieden.

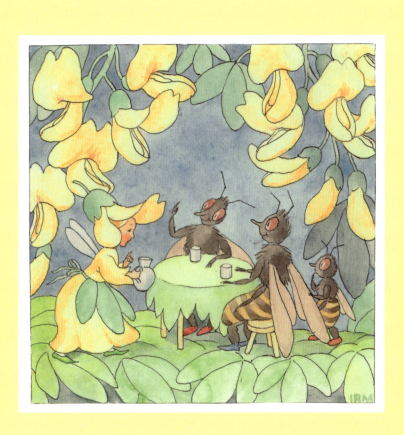

Moppel-Hoppel-Poppelhas

Moppel-Hoppel-Poppelhas
hoppelt durch das Stoppelgras,
kräuselt seine Schnuppernas
und versteckt da irgendwas.
Rate mal, was ist denn das?

Zwei Osterhasen

Ein kleiner und ein großer Hase
sitzen unterm Baum im Grase.
Sie sind so weit gelaufen,
jetzt müssen sie verschnaufen.
Sie haben in der letzten Nacht
sich auf den langen Weg gemacht.
Ganz leis, dass man sie nicht entdeckt,
wurde jedes Ei versteckt
hinter Bäumen, unterm Busch
und im Gras, dann husch-husch-husch-
warn die beiden Hasen weg.
Und wie sie da im Grase hocken,
läuten schon die Osterglocken.

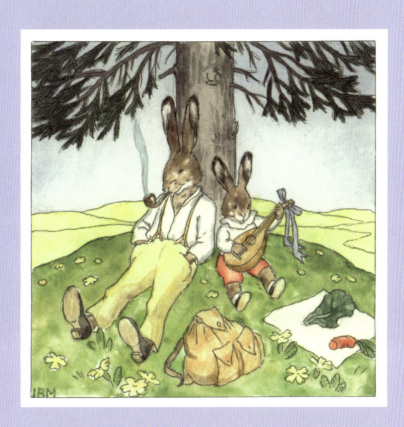

Das Osterküken

Nanu! Mitten auf dem Feldweg liegt ein Ei. Es wackelt hin und her. Es knistert und knackt. Pling! Jetzt ist die Schale geplatzt.
Und was steigt aus dem Ei? Ein kleines Küken! Es schaut sich um, bewegt die Flügel und macht PIEP-PIEP.
Im Ei war es eng und dunkel. Jetzt steht das Küken vor einer großen Blumenwiese. Über ihm wölbt sich der blaue Himmel, und die Sonnenstrahlen wärmen seine Federn.

Wie schön ist es auf der Welt! Neugierig trippelt das Küken los. Es läuft weiter, immer weiter – bis zum Waldrand.
»Willst du mein Freund sein?«, fragt das Küken ein braunes Tier mit langen Ohren. Das Langohr nickt: »Ich bin der Osterhase. Komm, ich zeig dir meine Ostereierwerkstatt. Du kommst genau zur rechten Zeit, du kleines Osterküken!«

Was muss ein Osterhase können?

Was muss ein Osterhase können?
Horchen, Haken schlagen, rennen –
aber für die Osterfeier
sind das Wichtigste die Eier.

Nehmt den Pinsel in die Hand,
färbt mit Liebe und Verstand
alle Eier, weiß und rund,
blau und gelb und rot und bunt.
Und dann müsst ihr sie verstecken
hinter Bäumen, unter Hecken.
Macht außerdem vorm Osterfest
für jedes Kind ein Eiernest.
Und ich sag euch meine Lehr:
Osterhase sein ist schwer.
Doch ich sag euch noch etwas:
Osterhase sein macht Spaß!

Hast du schon mal nachgedacht?

Hast du schon mal nachgedacht,
was im Frühling Freude macht?
Schau dich um, schau dich um –
überall und rundherum.

In der grünen Wiese liegen,
wo die Schmetterlinge fliegen,
horchen, wie die Vögel singen,
schauen, wie die Lämmer springen,
eine Handvoll Blumen pflücken,
warme Sonne auf dem Rücken,
warme Sonne auf dem Bauch,
Erdbeereis mit Sahne – auch.
Weißt du was, weißt du was?
Das macht im Frühling Spaß.

Müde Füße

Der kleine Hase lässt das Ohr hängen. Er ist traurig, weil ihm die Füße wehtun. Mama Hase macht ihm ein Fußbad und tröstet ihn. »Du bist so weit gelaufen und hast den Kindern so viele Eier versteckt – zum ersten Mal bist du ein richtiger Osterhase gewesen. Ich bin stolz auf dich, mein Häschen!«

Dann kommt der Hasendoktor und macht einen dicken Verband um jeden Fuß. »Das wird bald wieder gut«, sagt er. Der kleine Hase nickt. »Wenn ich gesund bin, werde ich ganz viel laufen und hüpfen, damit meine Füße fest und groß und stark werden für das nächste Osterfest.«

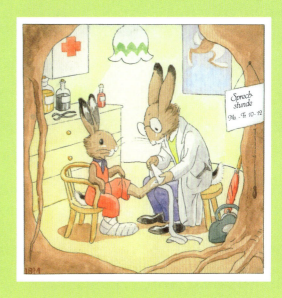

Die Osterbäckerei

Rosi, Hanni und Fritzi helfen ihrer Mama in der Küche bei der Osterbäckerei. Zuerst wird der Teig gerührt, geknetet und ausgerollt. Dann stechen sie mit den Förmchen Osterlämmer aus. Hmm, wie lecker der Teig schmeckt!

Sie naschen und probieren immer wieder. »Schluss jetzt!«, sagt Mama Hase und schiebt das Blech in den Ofen. Als sie es nach einer Weile wieder rauszieht, rutschen ihr drei Kuchenlämmer vom heißen Blech und zerbrechen.

»Macht nix! Frisch schmecken sie am besten!« Die kleinen Hasen lachen und stecken sich die Stückchen in den Mund. Die anderen Kuchenlämmer legt Mama Hase in eine Blechdose und versteckt sie bis Ostern.

Der Frühlingssturm braust durch den Wald

Der Frühlingssturm braust durch den Wald.
Dunkel ist es noch und kalt.
Das Häschen hat sich tief versteckt
und mit Blättern zugedeckt,
hat die Augen ganz fest zu,
schläft und träumt in guter Ruh.
Erst am Morgen ist es sacht
und ganz fröhlich aufgewacht.

Jetzt springt es querfeldein,
putzt sein Fell im Sonnenschein,
knabbert Kraut und Klee im Feld
und freut sich an der schönen Welt.
Dann sitzt es still, das kleine Häschen,
spitzt die Ohren, hebt das Näschen.
Da hört es, wie der Kuckuck schreit –
jetzt ist Ostern nicht mehr weit!

Der Osterhase hat verschlafen

Die Vögel singen, Blumen blühn,
die Bäume und das Gras sind grün.

Nun ist Ostern nicht mehr weit –
der Osterhas verschlief die Zeit!
Jetzt ruft er seine Freunde an,
weil er's allein nicht schaffen kann.
»Kommt schnell herbei, kommt her!
Ich brauche euch jetzt sehr.
Wenn wir alle fleißig sind,
dann kriegt jedes liebe Kind
von uns noch ein volles Nest
zum wunderschönen Osterfest.«

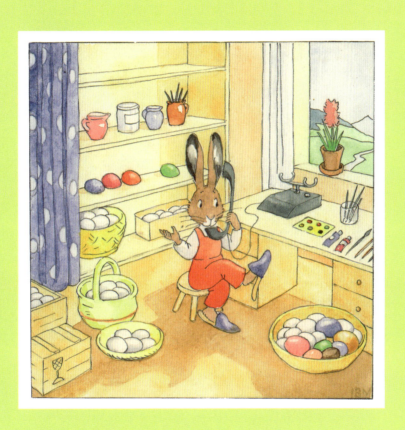

Verstecken hinter Rosenhecken

Fünf kleine Hasen
laufen übern Rasen,
wollen sich verstecken
hinter Rosenhecken.
Springen über Gräben,
einer fällt daneben,
plitsch-plitsch-platsch,
jetzt liegt er im Matsch.
Die andern holn ihn raus
und bringen ihn nach Haus,
singen Heitschi-bumbeitschi-bumbei,
morgen ist es längst vorbei.

Ich streichel dir das Fell

Ich streichel dir das Fell.
Ich stups dich an der Nase.
Ich zupfe dich am Ohr.
Ich kraule dich am Kinn.
Und zum Schluss
kriegst du 'nen Kuss.
Killekille Wippchen,
noch ein Stippchen,
noch ein Stippchen.

Die Hasenkinder müssen warten

Die Hasenkinder müssen warten,
denn Hasenvater will im Garten
schnell noch alle Blumen gießen,
schauen, ob die Zwiebeln sprießen.
Und noch ein bisschen Unkraut jäten,
das da wuchert in den Beeten.
Endlich geht es jetzt nach Haus.
»Pfoten waschen! Schuhe aus!
Und macht bitte kein Geschrei.
Heute gibt es Möhrenbrei.«
Da hebt der allerkleinste Hase
fröhlich seine Schnuppernase
und ruft: »Piep piep piep,
guten Appetit!«

Zwei Freunde

Mama und Papa Hase haben keine Zeit für den kleinen Hasen. Sie sind mit dem Eiermalen für Ostern beschäftigt. Der kleine Hase möchte helfen.

»Dafür bist du noch zu klein«, sagt Papa Hase. »Warte bis zum nächsten Jahr.«

Traurig läuft der kleine Hase zum Wald. »Irgendwo muss doch jemand sein, der Zeit für mich hat«, denkt er.

»Spielst du mit mir?«, fragt er eine kleine Ente. »Du kannst ja nicht schwimmen!«, sagt die Ente.

»Spielst du mit mir?«, fragt er ein Zicklein auf der Wiese.

»Wenn du mit mir Blumen pflückst!«, sagt die kleine Ziege. Aber dazu hat der kleine Hase keine Lust. Er läuft weiter. Da sieht er plötzlich am Waldrand ein kleines braunes Tier mit langen Ohren – es sieht genauso aus wie er selbst.

»Spielst du mit mir?«, fragt der kleine Hase. Der andere Hase nickt: »Ich bin so allein, keiner hat Zeit für mich, und zum Eiermalen bin ich noch zu klein.«

Der kleine Hase macht einen Freudensprung: »Mir geht es genauso! Dann können wir Freunde sein und zusammen spielen.«

Löwenzahn

Ich spitze die Lippen
und blase die Pracht
in den Wind,
der ganz sacht
die Silberschirmchen hebt,
rundum verweht
und neue Löwenzähne sät.

Guten Morgen, mein Häschen

Guten Morgen, mein Häschen,
du Schnuppernäschen!
Hier ein Stück vom Möhrenkuchen,
den musst du unbedingt versuchen.
Dazu noch ein Glas Rübensaft –
das gibt dir Kraft.
Dann laufen wir durch Wald und Feld
und ich zeig dir die ganze Welt.

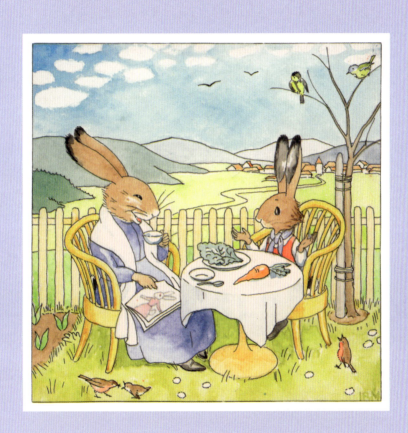

Das Huhn, das keine Eier mehr legen wollte

Im Hühnerstall herrscht große Aufregung. Alle Hühner gackern durcheinander, weil das braune Huhn keine Eier mehr legen will.
»Ausgerechnet jetzt!«, sagen die Hennen.
»Der Osterhase braucht die Eier doch für die Kinder zu Ostern!«
»Dann soll er die Eier selber legen!«, gackert die braune Henne.
Da kommt der kleine Hase mit seinem Vater um die Ecke. Sie wollen die Eier abholen.
»Was ist denn hier für ein Krach?«, fragt der kleine Hase.
»Ich will keine Eier mehr legen!«, sagt die braune Henne. »Immer heißt es, der Osterhase macht die Ostereier. Keiner sagt ein Wort über die Hühner. Das ist ungerecht!«

Der kleine Hase denkt nach.
»Wollen wir tauschen?«, fragt er. »Dann musst du meine Arbeit übernehmen: Eier anmalen, Eier zu den Kindern bringen, Eier verstecken ...«
Die braune Henne gackert leise vor sich hin.
»Du kannst ja keine Eier legen«, sagt sie schließlich. »Ich glaube, jeder von uns hat seine Aufgabe. Aber dann bin ich ab heute ein Osterhuhn. Einverstanden?«
Der kleine Hase nickt: »Abgemacht, du liebes Osterhuhn.«
Da legt die Henne voller Freude ein wunderschönes großes Osterei. Es ist braun. Der Osterhase braucht es noch nicht einmal anzumalen.

Doktor Wiesenwichtel

Wenn es Frühling wird, erwachen alle Wiesentiere aus dem Winterschlaf.
Dann sind sie noch ganz steif und haben alle möglichen Wehwehchen.
Wie gut, dass es Doktor Wiesenwichtel gibt. Er hat ein gutes Herz und
hilfreiche Hände. Der Wespe tun die Zähne weh. Der Marienkäfer
braucht neue Punkte. Die Hummel hat sich am Kopf gestoßen.
Die Raupe muss gebürstet werden. Der kleine Vogel hat nasse Flügel
und braucht Wärme. Der Grashüpfer hat sich ein Bein verrenkt.
Es dauert nicht lange, da sind alle wieder gesund und munter.

Der kleine Hase hat sich verlaufen

Der kleine Hase ist fröhlich in den Wald gelaufen. Er hat mit einem Eichhörnchen Verstecken gespielt und mit der Haselmaus Nüsse hin- und hergekullert.
Dann ist er auf der Waldwiese eingeschlafen. Als er aufwacht, weiß er nicht mehr, wo er ist.

Ojemine! Der kleine Hase läuft hin und her, aber er kann den Heimweg nicht finden. Das Eichhörnchen und die Waldmaus helfen ihm beim Suchen. Aber sie laufen nur im Kreis. Der kleine Hase zittert vor Aufregung und ruft nach seiner Mama. Zum Glück kommt ein Waldvöglein angeflogen, das den richtigen Weg kennt. Es flattert vor dem Häschen her – zwischen den Bäumen hindurch bis zum Waldrand. Jetzt ist es nicht mehr weit bis nach Hause. Da steht schon Mama Hase und wartet. Der kleine Hase springt ihr in die Arme und drückt seine Nase in ihr Fell.

Die Vögel sitzen in den Zweigen

Die Vögel sitzen in den Zweigen
und lassen ihre Lieder steigen.
Die Schwalben zwitschern. Die Spatzen tschilpen.
Die Lerchen trillern. Der Kuckuck ruft.
Die Nachtigall schluchzt. Die Amsel flötet.
Tirili-tirila –
der Frühling ist da!

Der kleine Osterengel

Der kleine Engel sitzt auf einer Wolke und langweilt sich. Er hat nichts zu tun, denn Weihnachten ist vorbei. Unten auf der Erde möchte er sein. Da singen die Vögel, bunte Blumen blühen überall und die Bäume und das Gras sind saftig grün.

Nanu, was ist denn das? Neugierig schaut der Engel genauer hin. Da sitzt ein kleiner Hase zwischen lauter Farbtöpfen vor einem Korb mit weißen Eiern. Das muss die Osterhasenwerkstatt sein. Der kleine Hase schnieft und lässt die Ohren hängen. Ob er die Arbeit allein nicht schafft? Jetzt lässt er auch noch den Pinsel fallen und schläft ein. Der arme Osterhase!

Ein Weihnachtsengel kann doch auch mal ein Osterengel sein, denkt der Engel. Schon rutscht er in der Dämmerung von seiner Wolke und flattert nach unten zur Erde. Er schleicht in die Osterhasenwerkstatt und bemalt Ostereier – die ganze Nacht. Das macht Spaß!

Als die Sonne aufgeht, ist alle Arbeit getan, und der kleine Engel fliegt zurück zu seiner Wolke.

Was meint ihr, wie der Osterhase gestaunt hat! Und wenn ihr mal einen Engel seht mit bunten Farbklecksen auf den Flügeln – dann ist es ganz bestimmt der Osterengel.

Ein Fest auf der Wiese

Alle Ostereier sind versteckt.

Fröhlich macht der Osterhase sich auf den Heimweg.

Der Himmel wird langsam immer heller.

Die Sonne geht auf. Schon fangen die Osterglocken an zu läuten.

Da wird es auf der Wiese lebendig. Der Marienkäfer, die Biene und der Schmetterling, der Grashüpfer und die Grille – alle haben sich auf Ostern gefreut.

Nun gibt es ein großes Fest auf der Wiese. Da wird gegessen und getrunken und getanzt. Die Grille macht Musik.

DIDELDUDEL-DIDELDUDEL-DIDELDUDELDEI!

Der Frühling kommt

Der kleine Hase hockt in seiner Höhle unter der Erde. Er ist gerade aufgewacht. Verschlafen reibt er sich die Augen. Er gähnt. Einmal, zweimal, dreimal.

Dann räkelt er sich und wackelt mit den Ohren. Am liebsten möchte er noch ein bisschen dösen und träumen. Doch jetzt spitzt er die Ohren und lauscht.

Es wispert und es knistert überall. Ob das der Frühling ist?

Vorsichtig öffnet der kleine Hase die Tür vor seinem Bau. Tatsächlich: Die Eiszapfen über dem Eingang sind geschmolzen. Die Vögel tirilieren. Es duftet nach Frühlingsblumen. Und ein Sonnenstrahl kitzelt ihn an der Nase. Da springt der kleine Hase auf die Wiese und macht tausend Freudensprünge und Purzelbäume.

Hasenjagd

Der kleine Hase hat von seiner Mama alles gelernt, was ein Hase wissen muss. Er kann schnuppern und lauschen und rennen und Haken schlagen. Jetzt fühlt er sich groß und stark. Er braucht seine Mama nicht mehr, denkt er.

Fröhlich läuft er über die Wiese. Er schnuppert an den Blumen. Er spielt mit dem Schmetterling. Er kullert den Berg hinunter.

Er knabbert an einem Kleeblatt. Er lauscht. Da – was ist das für ein Gebell?
Oh Schreck! Die wilden Hunde! Jetzt gibt es nur noch eines: wegrennen und Haken schlagen. Doch die Hunde sind schnell und kommen immer näher. Da springt der kleine Hase im letzten Augenblick mit einem Satz zu Mama Hase ins Versteck.
Hopsa-hops! Das war knapp! Der kleine Hase ist ganz außer Puste.
»Wer vor den Hunden wegläuft, ist noch lange kein Angsthase«, schnauft er.
Mama Hase nickt: »Du bist mein Schatz und groß und gescheit!«
Da spürt der kleine Hase, wie lieb er seine Mama hat.

Wo steckt der kleine Osterhase?

Jetzt sind alle Ostereier versteckt. Das war viel Arbeit.
Vater Hase ist müde und hungrig. Und die Füße tun ihm weh.
Aber der Weg nach Hause ist noch weit. Oje!
Wo ist nur der kleine Hase geblieben? Sicher lief er schon voraus und ruht sich in seinem Bettchen aus.
Warum nur ist der Korb so schwer, als ob er noch voll Eier wär?
Rate mal!

Ida Bohatta

Ida Bohatta ist seit Generationen eine der meistgelesenen Kinderbuch-IllustratorInnen und AutorInnen im deutschsprachige Raum. Ungebrochen ist auch heute ihre Beliebtheit bei kleinen und großen Leserinnen und Lesern, wie die stete Nachfrage nach ihren über siebzig Büchlein Jahr für Jahr beweist. Zu Unrecht gehört »die Bohatta« zu jener Schar der KinderbuchmacherInnen, über die sich jede Illustrationsgeschichte ausschweigt, deren Geschichten aber über alle Stile und Zeiten hinweg nicht nur Auflage um Auflage erleben, sondern bisher auch in viele Sprachen übersetzt wurden.

Am 15. April 1900 wurde Ida Bohatta in Wien geboren. Nach ersten Erfolgen mit Kinderbuchillustrationen entstand im Jahr 1927 die Verbindung zum Verlag Ars sacra, heute arsEdition GmbH. Bild-, Postkartenserien, Fleißbildchen und die ersten Bilderbücher entstanden. Damit begann eine fruchtbare Zusammenarbeit, die bis zum Tode der Künstlerin am 14. November 1992 dauerte.

Bibliografische Information der Deutschen Nationalbibliothek

Die Deutsche Nationalbibliothek verzeichnet
diese Publikation in der Deutschen Nationalbibliografie;
detaillierte bibliografische Daten sind im Internet
über http://dnb.d-nb.de abrufbar.

© 2010 arsEdition GmbH, München
Alle Rechte vorbehalten
ISBN 978-3-7607-3661-7
Printed by Tien Wah Press

www.arsedition.de